8
LN27
40876

TROISIÈME CENTENAIRE

DE

Saint Jean de la Croix

CARMEL D'AIRE-SUR-L'ADOUR

MONTREUIL-SUR-MER

IMPRIMERIE NOTRE-DAME DES PRÉS

1892

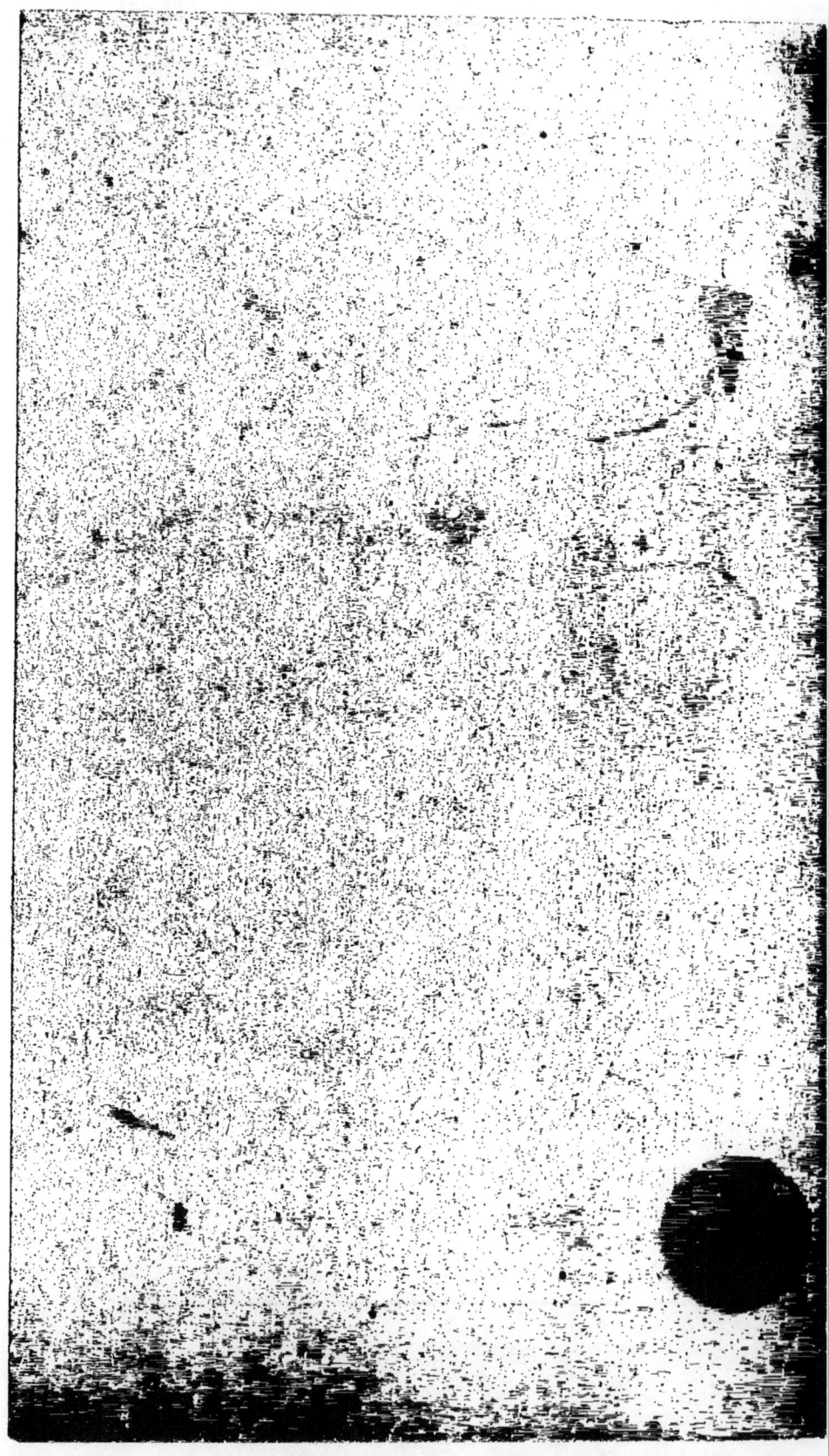

TROISIÈME CENTENAIRE

de

Saint Jean de la Croix

CARMEL D'AIRE-SUR-L'ADOUR

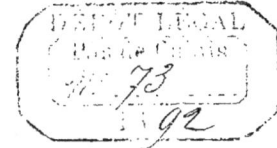

Aire-sur-l'Adour, Janvier 1892.

Au Très Révérend Père JÉRÔME-MARIE,

de l'immaculée conception,

PRÉPOSÉ GÉNÉRAL DES CARMES DÉCHAUSSÉS.

Mon Très Révérend Père Général[1],

Vous voudrez bien permettre à un prêtre, ami du Carmel et de ses gloires, de se faire auprès de vous l'interprète et le narrateur fidèle des fêtes du troisième centenaire de saint Jean de la Croix dont il a été l'heureux témoin dans la ville épiscopale d'Aire.

En entreprenant ce récit, il sait d'avance qu'il ne dira rien qui puisse être comparé, même de loin, à ce qui s'est passé en beaucoup d'autres lieux et surtout dans les grandes villes, où, à tout l'éclat de l'éloquence et aux démonstrations les plus édifiantes de la piété vient s'ajouter encore, avec la splendeur et la richesse des décorations, la pompe plus majestueuse des cérémonies.

[1] Cette lettre a été écrite au Très Révérend Père Général avant sa promotion à la dignité archiépiscopale.

Mais l'apôtre saint Paul n'engageait-il pas les fidèles de son temps à s'instruire et à s'exhorter les uns les autres par des psaumes, des hymnes et des cantiques spirituels? Et les dons simples et naïfs des bergers n'ont-ils pas trouvé grâce auprès de l'Enfant-Dieu dans sa crèche, à côté des présents royaux des Mages de l'Orient? Et puis, dans une famille, on s'intéresse aux nouvelles qui viennent des membres, même les plus humbles et les plus obscurs, et il en est ainsi, nous le savons, dans la famille du Carmel, si admirablement unie. Nous ne prétendons d'ailleurs ici qu'au dernier rang et nous ne voulons être que comme les ombres qui font mieux ressortir, par contraste, les beautés du tableau.

La première nouvelle des fêtes du centenaire fut accueillie dans tout le diocèse avec une grande joie, par les communautés religieuses, le clergé et les pieux fidèles, mais plus particulièrement à Aire, où le Carmel jouit de l'estime et de la vénération de tous, sans distinction, et où l'on avait gardé un si précieux souvenir du centenaire de sainte Thérèse dont les manifestations avaient été si populaires et si suivies.

Un mois à l'avance, la *Semaine religieuse* avait annoncé le Triduum, fixé à la date des 22, 23 et 24 novembre et la retraite qui devait lui servir de préparation immédiate.

Elle publiait, en même temps, le bref du Souverain Pontife et la lettre du Très Révérend Père Général, deux pièces gravement éloquentes, semblables aux trompettes sacrées qui annonçaient autrefois dans Israël l'ouverture du grand jubilé cinquantenaire où la terre se reposait et où le pays tout entier semblait reprendre une nouvelle vie.

La retraite préparatoire vint disposer les âmes à la ferveur et à l'élan enthousiaste qui se manifestèrent surtout pendant le Triduum, d'une manière si consolante et par des signes si peu équivoques.

Sa Grandeur Monseigneur Delannoy, notre évêque bien-aimé, dont le cœur est toujours ouvert aux inspirations de la piété et qui aime à se regarder comme le débiteur et le serviteur de tous, daigna se montrer, une fois de plus, dans cette circonstance, prodigue de bienveillance et de délicates attentions pour le Carmel, et voulut présider lui-même l'ouverture des saints exercices.

Cette retraite préparatoire, si bien placée au seuil de ces solennités, comme l'eau sainte l'est à la porte du temple pour purifier ceux qui y pénètrent, fut prêchée avec le Triduum qui suivit par un saint religieux dont nous avons hâte de prononcer le nom, le Révérend Père Grégoire, Prieur des Carmes déchaussés de Bagnères de Bigorre. On peut dire qu'il a rempli, en cette occasion, ce ministère divin de la parole, toujours si difficile à l'homme, comme l'avait fait celui dont le Sauveur lui-même affirmait qu'il avait été « une lampe ardente et luisante. » Lui aussi, sans aucune prétention et à l'imitation du saint Précurseur a, pendant la première partie de ses prédications, éclairé les âmes en leur exposant, avec autant de force que d'évidence, les grandes vérités du salut, et, dans la seconde partie qui comprenait le Triduum, il les a surtout enflammées et excitées au bien, par tout ce qu'il a dit de beau et d'élevé en même temps que de touchant et de pratique, des vertus de son héros et de son Père, et par l'heureuse impression que produisait sur ses auditeurs l'exemple de son zèle et de sa piété.

On verra par le peu que nous pourrons citer plus loin de ses trois derniers discours, dans une courte analyse, nécessairement froide et incolore, qu'il a été à la hauteur d'un sujet si ardu et que sa bouche a parlé de l'abondance d'un cœur profondément instruit et pénétré.

Commencée le 16 novembre, la première partie de ses prédications, qui se composait de la retraite préparatoire au Triduum se terminait le 20. Il y avait eu chaque jour trois instructions : la première, précédée de la sainte messe qui se disait à cinq heures, était pour la classe ouvrière et avantageait, en particulier, un bon nombre de pieuses servantes qui savent, à Aire, prendre habituellement sur leur sommeil pour faire à Dieu une plus large part. La seconde se donnait à huit heures du matin et la troisième, qui avait l'importance d'un grand sermon et qui réunissait de plus nombreux auditeurs, avait lieu à cinq heures du soir. Les exercices furent suivis avec beaucoup d'exactitude, d'attention et de piété. Le jour de la clôture, M. le vicaire général Laussucq célébra lui-même la sainte messe pendant laquelle se firent entendre des chants variés et harmonieux, exécutés par un groupe de jeunes filles sous la conduite de quelques pieuses dames, artistes distinguées.

La table eucharistique avait vu, en ce même jour, des rangs pressés de convives se succéder, et déjà ainsi un fruit considérable avait été recueilli. Ce n'était cependant là encore que les prémices de la moisson.

Le lendemain samedi fut, entre les deux parties des exercices, comme une sorte de halte ou de repos occupé, assez semblable à celui qu'on accorde aux soldats la veille d'une grande bataille pour mieux préparer leurs armes et tous leurs moyens de vaincre. Il s'agissait de mettre la dernière main à l'ornementation de la chapelle pour le Triduum. Les hommes sont ainsi faits qu'en vertu de l'union intime qui rattache l'âme au corps, le culte extérieur est le véhicule et le soutien du culte intérieur, et que la grâce nous entre, pour ainsi dire, par les yeux, par les oreilles et par tous les sens.

Il ne faut donc pas s'étonner que Dieu, dans l'ancienne loi, ait réglé lui-même pour le prescrire à Moïse, le détail des rites et cérémonies sacrés, ni s'il inspira dans le désert les trois ouvriers qui devaient travailler à la construction du tabernacle.

Souvent aussi chez les âmes qui, à l'exemple du Psalmiste, aiment avec zèle la beauté de la maison de Dieu, il y a plus et mieux que l'inspiration artistique : leurs décors et leurs ouvrages délicats parlent, prêchent et prient comme elles. C'est là, sans doute, ce qui a donné à toute la décoration de la chapelle des Carmélites pour le Triduum ce cachet religieux, cette pieuse magnificence qui faisait que, dès l'entrée, chacun saisi, impressionné, semblait s'écrier avec Jacob pendant sa vision de l'échelle mystérieuse : « N'est-ce pas ici la maison de Dieu et la porte du ciel ? » Tout, dans ce spectacle préparé par des mains diligentes et exercées et surtout par des cœurs aimants, racontait, avec une éloquente simplicité, la gloire de Dieu et le triomphe d'un de ses plus grands serviteurs : l'autel étincelant de ses plus belles parures et entouré de hautes colonnes en forme de dais ou de baldaquin, la chapelle latérale du Saint richement ornée, les murailles du chœur, transfigurées sous les tentures de dentelle semées de javelles et de pampres d'or, les étendards et les bannières harmonieusement disposés des deux côtés sur toute l'étendue de la nef, les lustres resplendissants, les guirlandes de roses au feuillage doré avec leurs gracieux pendentifs, de brillants écussons, relevés de devises et d'inscriptions heureusement choisies, et enfin, au fond de la perspective et au point culminant du chevet, comme pour dominer et interpréter cette scène, la peinture en pied de saint Jean de la Croix contemplant d'un œil extatique une longue croix sur laquelle il s'appuie comme un soldat au sortir de la bataille sur son arme fidèle : toute cette magnifique décoration, en un mot, avec ses moindres détails, semblait prendre une voix et dire comme autrefois le héraut qui, par l'ordre d'Assuérus, marchait devant le char de l'humble Mardochée, porté en triomphe : « C'est ainsi qu'il sera fait à celui que le grand roi voudra honorer. » On aurait pu se rappeler alors un passage de la *Vive Flamme d'amour*, où saint Jean de la Croix emprunte précisément comme terme de comparaison ce splendide épisode du triomphe de Mardochée pour représenter la gloire et le bonheur de l'âme qui entre au ciel. « L'âme, dit-il, aussi bien que Mardochée, se voit récompensée en un seul jour de toutes ses peines et de tous ses services. Non seulement on la fait entrer au palais du roi, non seulement on la présente à la divine Majesté, revêtue d'habits royaux, mais de plus on lui met le diadème en tête et le sceptre en main ; elle est assise sur le trône, portant au doigt l'anneau royal, afin de pouvoir faire tout ce qu'il lui plaira dans le royaume de son époux. »

Ici non plus qu'au triomphe de Mardochée le héraut et l'interprète du saint triomphateur ne devait faire défaut à sa noble tâche. Pendant ce Triduum, par ses trois discours, il lui tressa comme une triple couronne, composée des plus rares mérites et des plus insignes vertus.

Le dimanche, 22 novembre, qui était le premier jour et où Sa Grandeur, entourée de son grand séminaire, officia pontificalement matin et soir, le Révérend Père Grégoire, aux vêpres, entreprit de montrer, dans son premier sermon, comment saint Jean de la Croix avait rempli la première condition de la vertu qui est de fuir le mal. *Diverte a malo.* Il l'a fui, dit-il, extérieurement et intérieurement. Il l'a fui extérieurement dans son enfance si grave et si retenue, dans son adolescence si pure et si appliquée, pendant les années du noviciat et du scolasticat, au double travail de l'étude et de la piété, en même temps qu'à la pénitence et à la mortification. Il l'a fui dans son sacerdoce et dans son ministère apostolique où éclatent, dès le début, au jugement de sainte Thérèse, une sagesse et une prudence consommées ; il l'a fui pareillement dans les travaux entrepris pour la réforme du Carmel, alors qu'il souffre en silence et avec la plus parfaite résignation toutes sortes de persécutions et d'humiliations. On peut donc lui appliquer ces paroles du Psalmiste : « Heureux l'homme qui ne s'est pas arrêté dans la voie des pécheurs : il sera semblable à un arbre planté le long des eaux, il donnera son fruit au temps convenable. »

Mais le côté intime du Saint ne nous réserve-t-il pas quelque surprise ? non, car sa conduite extérieure, si sainte, procédait de sa vertu intérieure, comme d'une racine vivace et énergique.

Il a fui le mal dans ses pensées, voyant Dieu dans toutes

ses œuvres, et s'abîmant sans cesse en sa présence dans le sentiment de son néant ou de son *rien* qu'il a traduit dans ses ouvrages d'une manière si expressive et si caractéristique.

Il a fui le mal dans ses désirs, ne recherchant en toutes choses que le bon plaisir de Dieu ; il l'a fui au milieu des luttes les plus acharnées contre le démon, le monde et la chair et parmi toutes sortes d'épreuves et de traverses. Cette sainteté extérieure et intérieure, si grande que les hommes en ont été dans l'admiration, n'est-elle pas à elle seule, un miracle de premier ordre et ce que le Concile de Trente appelle une grâce particulière?

On ne pourrait toutefois prétendre que saint Jean de la Croix n'a jamais commis de fautes vénielles ni d'imperfections, puisque la Très Sainte Vierge elle-même n'en a été exempte que par une grâce qui se rattache au privilège de l'Immaculée Conception, et que le juste de son côté, comme il est dit au livre de la Sagesse, peut tomber sept fois le jour; mais, outre que saint Jean de la Croix semble avoir obtenu de Dieu, dans la célébration de sa première messe, qu'avaient précédée tant de prières et tant de pénitences, la grâce de ne jamais l'offenser mortellement, il conste des dépositions faites au procès de Béatification par plusieurs témoins sur la foi du serment, qu'après avoir connu plusieurs années saint Jean de la Croix et l'avoir observé avec soin, ils n'avaient pu trouver en lui le plus léger défaut, ce qui signifie, non pas qu'il n'ait jamais commis de fautes vénielles ni d'imperfections, mais qu'elles ont dû être très rares pour n'avoir pas été remarquées par ceux-là mêmes qui l'épiaient en quelque sorte pour le trouver en défaut.

Saint Jean de la Croix aurait donc pu s'appliquer cette parole du Psalmiste : « J'ai passé pour un prodige aux yeux d'un grand nombre. *Tanquam prodigium factus sum multis* » et il semble avoir mis en pratique aussi parfaitement qu'il est possible en cette vie, ce qu'il a écrit dans son livre de la montée du Carmel : « Pour s'unir par la volonté et par l'amour à son souverain Bien, l'âme doit donc renoncer à tout appétit volontaire, si minime qu'il soit, c'est-à-dire que sciemment et avec pleine connaissance de cause, elle ne doit consentir à aucune imperfection.

« Je dis sciemment, car elle tombera bien souvent, par surprise, dans des imperfections et des fautes vénielles sans qu'il soit entièrement en son pouvoir d'échapper aux déplorables tendances des appétits naturels dont nous avons parlé.

« Il est écrit de ces péchés où la volonté a une si faible part : Que le juste tombera sept fois le jour et qu'il se relèvera. »

C'est en ce premier jour du Triduum et dès huit heures du matin que les jeunes filles de la Congrégation de Marie, revêtues de leurs insignes, étaient venues prier avec effusion le fils bien-aimé et miraculeusement protégé de la Vierge et reconnaître en lui un frère aîné et un modèle. Elles étaient accompagnées du pensionnat des sœurs de l'Immaculée Conception ainsi que des enfants de l'école communale et de l'asile que ces dignes religieuses dirigent pareillement.

M. le chanoine Cassen, secrétaire général de l'Évêché, leur aumônier, était présent à ce pèlerinage complexe et y avait dit la sainte messe.

Puis, vers neuf heures, les chers Frères des écoles chrétiennes s'étaient présentés à leur tour, avec leurs nombreux élèves pour vénérer ce généreux disciple de la croix vers lequel l'esprit d'abnégation de leur bienheureux fondateur et leur austère dévouement leur inspirent, on le comprend, une secrète et sympathique attraction.

Dans ces divers pèlerinages successifs, de ravissants cantiques étaient chantés tandis qu'on célébrait le saint sacrifice de la messe et pendant la touchante cérémonie du baisement de la relique qui terminait chacune de ces visites.

Le lundi, deuxième jour du Triduum, la messe et les

vêpres furent chantées solennellement par les élèves du petit séminaire et présidées par leur vénéré supérieur, M. le chanoine Barrère. L'entrain et le mouvement de leur exécution, joints au recueillement qu'ils faisaient paraître dans l'accomplissement des cérémonies, témoignaient bien haut de la vivacité de leurs pieuses émotions. Leur maîtrise, sûrement guidée par quelques-uns de leurs directeurs, fit entendre, à diverses reprises, des motets et des cantiques dont plusieurs semblaient comme un écho de la musique céleste.

Le même jour, comme si toute la célèbre colline du Mas, premier berceau de l'antique capitale d'Alaric, avait voulu se prosterner à l'envi aux pieds du Saint dont on célébrait le triomphe trois fois séculaire, les jeunes filles du pensionnat de Sainte-Ursule, semblables aux anges que sainte Angèle vit un jour monter et descendre le long d'une échelle qui atteignait jusqu'au ciel, accoururent aussi sur les pas de leur vénérable aumônier, M. le chanoine Pancaut, et amenées par quelques sœurs auxiliaires, pour offrir leurs hommages à celui qui avait été le glorieux contemporain de leur illustre Mère et patronne et qui avait fait partie comme elle de cette brillante constellation de Saints et de Saintes, jetée par Dieu au XVIᵉ siècle dans le ciel de l'Église pour y réparer les pertes et les vides causés par le protestantisme. Leur tenue modeste, leur piété et leurs chants firent l'édification de tous.

Ce jour-là, le prédicateur, qui avait exposé la veille ce que l'on peut appeler la partie négative de la sainteté du Père de la Réforme, en montrant comment il avait fui le péché tant au dehors qu'au dedans, voulut aussi en faire connaître, sous ce même double aspect, le côté positif, et dire comment il avait accompli le bien. *Fac bonum.* Il y réussit de la manière la plus heureuse, en développant cette antithèse aussi vraie que frappante : La physionomie extérieure de saint Jean de la Croix, c'est le renoncement et la mortification ; sa physionomie intérieure, c'est l'amour.

A l'extérieur, en effet, saint Jean de la Croix est un Saint effrayant d'austérité : il mortifie son corps et tous ses sens d'une manière qui paraît dépasser les forces de la nature et il justifie sa conduite par cette parole étonnante : « Si quelqu'un venait vous conseiller une doctrine large, ne l'écoutez jamais, alors même qu'il la confirmerait par des miracles. » Il veut réaliser à la lettre ces autres paroles qu'il a écrites dans ses maximes : « Vivez toujours crucifié intérieurement et extérieurement avec Jésus-Christ.... Que Jésus crucifié vous suffise seul et sans autre chose. » C'est pourquoi il renonce à tout : aux biens terrestres, aux affections qui ne tendent qu'à la créature et qu'il regarde comme de pures ténèbres; il renonce à la réputation, aux honneurs et aux dignités; il n'est avide que de souffrances, de travaux pour la gloire de Dieu, et, un jour que Jésus-Christ lui apparaît et lui demande quelle récompense il souhaite pour tant de croix et de labeurs, le disciple de Jésus crucifié, s'élevant sans effort et comme du premier coup à la hauteur ou même au-dessus des plus héroïques serviteurs de Dieu, fait cette réponse presque inouïe jusque-là dans les annales de la Sainteté : « Seigneur, souffrir et être méprisé pour vous. » Plus tard, il demande à Dieu comme faveur trois choses qui attestent, de la manière la plus insigne, ce même esprit de renoncement : c'était de ne pas mourir supérieur, de mourir dans un lieu ignoré et inconnu, d'endurer beaucoup de travaux jusqu'à souffrir en cette vie toutes les peines du purgatoire. Il pratiqua même le renoncement à l'égard des biens spirituels, tels que visions, révélations, ravissements, extases..... préférant se guider par les lumières de la foi toute nue. En un mot, il tient constamment pour règle de conduite cette parole que le Psalmiste adresse aux hommes de la part de Dieu : « Laissez tout et voyez que je suis le Seigneur, » et, selon la doctrine qu'il enseigne dans tous ses écrits, il fait le vide absolu dans toutes ses facultés et dans toutes ses puissances, afin d'y faire régner Dieu en maître et en souverain. Telle est la physionomie extérieure du Saint. Sa physionomie intérieure est tout autre, c'est l'amour : l'amour est le grand ressort de son âme, le principe du renoncement si prodigieux qu'il a pratiqué. Digne émule de sainte Thérèse, il a été, lui aussi, un amant passionné de son Dieu : c'est l'amour qui lui donne, dès son enfance, le goût de la mortification et qui l'attire ensuite au monastère de Notre-Dame du Mont Carmel, où, de son propre mouvement, il reprend les austérités de la règle primitive. C'est l'amour qui lui fait tellement craindre d'offenser Dieu, qu'il se déclare prêt à tout souffrir plutôt que de commettre la faute la plus légère. C'est l'amour qui fait que rien ne lui paraît trop dur pour plaire à son Dieu et marcher sur les traces du Sauveur.

Le Ciel répond à ses désirs, et bientôt saint Jean de la Croix court, vole dans la voie du saint amour et il s'écrie : « Ah ! qui pourra me guérir ! Achevez, ô mon Dieu, de vous donner tout à moi. »

Nous regrettons de ne pouvoir indiquer ici que par des mots les magnifiques développements que le prédicateur a donnés pour montrer que saint Jean de la Croix a parcouru tous les degrés de l'échelle mystique décrits par saint Bernard et saint Thomas, c'est-à-dire, comment il a passé par les phases successives et merveilleuses, appelées la *blessure* et la *maladie d'amour*, la *soif*, la *faim* et l'*attente* de Dieu, triple désir procédant du vide de nos trois facultés alors altérées et affamées de Dieu, et enfin par les *fiançailles spirituelles* pour s'élever jusqu'à la grâce de l'union parfaite, c'est-à-dire, jusqu'à la perfection de l'amour, sorte de transformation divine qui s'appelle, par comparaison avec l'union la plus étroite d'ici-bas, le *mariage spirituel*, et qui est suivie d'une *paix* ou *fête perpétuelle*.

Arrivée à cette sublimité, l'âme favorisée de deux admirables merveilles qui se répondent, le *réveil de Dieu* et l'*aspiration de Dieu* en elle, demande à passer du *mariage spirituel* de la terre à celui de l'Église triomphante dans le ciel. « La volonté de l'épouse, dit lui-même saint Jean de la Croix dans la dernière strophe du *Cantique Spirituel,* est alors entièrement dégagée de tout le créé ; les liens de l'amour l'attachent étroitement à son Dieu. La partie sensitive de son âme avec toutes ses forces, ses puissances et ses appétits, est complètement soumise à la partie spirituelle ; toutes ses résistances passées ont pris fin par ce parfait assujettissement ; le démon, grâce à sa longue habitude des exercices spirituels de tout genre et à la lutte qu'elle a courageusement soutenue contre lui, est enfin vaincu et repoussé loin d'elle ; son âme unie à son Dieu et transformée en lui, jouit d'une prodigieuse abondance de richesses et de dons célestes. Elle possède par conséquent toutes les dispositions et toute la force nécessaires pour traverser le désert de la mort et monter jusqu'aux trônes glorieux préparés aux épouses du Christ, en s'appuyant sur le bras de son époux et en jouissant d'inexprimables douceurs. » Saint Jean de la Croix n'a si bien décrit dans ses ouvrages ces choses indescriptibles, que parce qu'il les avait éprouvées lui-même. Cependant le dernier mot de son livre de la *Vive Flamme d'amour,* en parlant de la merveille de l'*aspiration de Dieu* dans l'âme, est celui de saint Paul accusant l'impuissance de la langue humaine. « Le Saint-Esprit, dit-il, y pénètre l'âme d'un amour tellement ineffable qu'il est au-dessus de toute gloire et de tout sentiment : c'est pourquoi je n'en dirai rien. »

Il y a peu de Saints qui aient mieux observé sur la terre le commandement d'aimer Dieu de tout son cœur, de toute son âme et de toutes ses forces et qui aient mis plus fidèlement en pratique cette parole du Roi Prophète qu'il cite souvent lui-même dans ses écrits : « Seigneur, je garderai pour vous toute l'énergie de mon âme. »

Cette prédication qui avait si bien mis en évidence et en relief la physionomie tant extérieure qu'intérieure de saint Jean de la Croix et avait révélé en lui un cœur véritablement séraphique comme celui de sainte Thérèse, fit une profonde impression sur tous les auditeurs et les rendit plus avides encore d'entendre la suite et de ne pas perdre un seul des exercices qui restaient jusqu'à la clôture du Triduum. Aussi le mardi, qui en était le dernier jour et qui coïncidait si heureusement avec la fête du Saint, fut marqué par un redoublement de pompe et de solennité et surtout de piété et de dévotion.

Il y eut dans la matinée des messes nombreuses comme les jours précédents.

Les membres du Tiers-Ordre de saint François, toujours empressés de profiter de toutes les grâces qui s'offrent à eux et de donner le bon exemple, voulurent faire, en ce même jour, leur pèlerinage au Carmel pour honorer et prier un Saint qui a si bien traduit dans sa vie l'esprit de pénitence et d'oraison du pauvre d'Assise et qui a été comme lui un séraphin d'amour.

Le grand séminaire, par sa présence au complet en ce dernier jour, vint donner un nouvel éclat aux chants et aux cérémonies. L'office du soir surtout fut imposant : Monseigneur que l'amitié et la charité avaient transporté, dès la veille, auprès du très regretté Baron Marie-Gustave de Ravignan, ancien sénateur, alors mourant, se hâta de revenir pour y assister. Il y parut entouré des Vicaires Généraux, des membres du Chapitre et du clergé de la ville. La foule était serrée et compacte, car l'on était accouru aussi des environs, et la nef se trouvait de nouveau trop étroite. Le R. Père Prieur, pour compléter et achever tout ce qu'il avait déjà dit à la louange de saint Jean de la Croix, prit pour sujet de son troisième et dernier discours : le rejaillissement du Saint, c'est-à-dire les fruits et les résultats de sa sainteté.

Les Saints, en effet, ne sont pas saints pour eux seuls, mais leur sainteté est féconde, utile au monde et rejaillit sur les autres en œuvres salutaires. Pour ce qui concerne saint Jean de la Croix, ce rejaillissement, si profitable à l'Église et à la société, se trouve indiqué par les deux titres qui lui conviennent si bien de Réformateur du Carmel et de Docteur mystique.

Et d'abord, il a été le Réformateur du Carmel : il partage cette gloire avec sainte Thérèse et il fut visiblement appelé de Dieu à coopérer avec elle. Cette grande Sainte, éclairée de lumières surnaturelles, devina dans ce jeune religieux de 25 ans, qui venait de célébrer sa première messe, le prêtre qu'elle n'avait cessé de demander à Dieu pour introduire chez les hommes la réforme qu'elle commençait à établir chez les femmes. Cette réforme, saint Jean de la Croix qui avait, de lui-même, repris et pratiqué l'ancienne règle dans toute sa sévérité et qui s'était fait remarquer à l'Université de Salamanque par l'étendue de sa science et la précocité de sa sagesse, était on ne peut mieux préparé pour la faire revivre dans toute sa rigueur, et il ne devait point faillir à cette tâche, plus difficile pourtant que celle de fondateur d'Ordre, parce qu'elle oblige à détruire avant d'édifier et qu'elle met dans la nécessité de froisser et de mécontenter beaucoup d'esprits. Mais saint Jean de la Croix va prêcher autant par ses exemples que par ses paroles et par ses écrits, et, en peu d'années la Réforme sera devenue un grand arbre qui étendra au loin ses rameaux. Il est assez heureux pour amener à cette réforme ses anciens confrères qui, après un moment d'opposition et d'hostilité, viennent en foule se ranger sous sa bannière. Il s'occupe en même temps de l'affermissement et du développement de la réforme chez les Carmélites et sainte Thérèse l'appelle son coadjuteur ou son auxiliaire, titre que le jugement de l'Église a ratifié, de sorte qu'il n'y a qu'une seule voix pour proclamer saint Jean de la Croix, le Père de la Réforme du Carmel.

Une autre de ses gloires dont a bénéficié l'Église tout entière, c'est celle de Docteur mystique. Il réunit, en effet, éminemment les conditions que l'Église exige avant de conférer solennellement, avec ce titre, les privilèges d'honneur qui s'y rattachent.

Et d'abord, après le tableau de ses vertus plus admirables qu'imitables, il ne peut pas même être question de sa sainteté.

En second lieu, de l'aveu de tous, saint Jean de la Croix possédait une vaste science, non seulement spéculative mais pratique et un merveilleux talent pour connaître et diriger les âmes. Sainte Thérèse, qui avait vu beaucoup d'hommes savants et versés dans les voies de la spiritualité, disait : « qu'il avait reçu de Dieu d'immenses trésors de sagesse et de lumière pour diriger les âmes... qu'elle trouvait tout dans le Père Jean de la Croix... que c'était un homme tout céleste et tout divin. » Il est donc docteur, et c'est dans l'art par excellence qui est celui du gouvernement et de la direction des âmes et des âmes les plus élevées, c'est-à-dire, docteur mystique. Ses écrits qui dénotent, outre la sainteté la plus éminente, la science la plus profonde, science d'ailleurs personnellement expérimentale dans l'ordre mystique, furent accueillis par les savants et les Universités les plus célèbres, comme une doctrine inspirée d'en haut. Plusieurs auteurs lui attribuent pour la théologie mystique la même autorité qu'à saint Thomas dans la théologie scolastique et qu'aux saints Pères pour la morale. Saint Alphonse de Liguori, à l'exemple de Bossuet, le cite toujours sur cette matière en première ligne, et la Sacrée Congrégation, chargée d'examiner les procès de béatification et de canonisation des serviteurs de Dieu, se sert avant tout, pour ce travail ardu, de ses ouvrages et de ceux de saint Thomas d'Aquin. Il ne manque donc plus à saint Jean de la Croix que la confirmation du titre de Docteur mystique par une décision du Saint-Siège. — Mais l'Église a déjà préludé en quelque sorte à cette déclaration par différents actes qui peuvent en paraître comme les heureux préliminaires. C'est ainsi que dans l'office du Saint, elle affirme « qu'il a écrit des livres de théologie mystique qui, au jugement de tous, sont vraiment admirables. » Les cardinaux chargés d'instruire le procès de canonisation avaient comparé sa doctrine à celle de saint Denis l'Aréopagite, et le pape Benoit XIII, dans le bref de canonisation, avait dit que saint Jean de la Croix a été, comme sainte Thérèse, assisté d'en haut, pour expliquer la théologie mystique. Sa Sainteté Léon XIII vient de lui rendre le même témoignage dans son bref pour le Triduum en disant : « Saint Jean de la Croix qui fut l'aide de sainte Thérèse dans la réforme du Carmel, a été, comme elle, divinement assisté pour expliquer les mystères de la théologie mystique. »

L'orateur, avant de descendre de chaire, forme le vœu le plus ardent et le plus filial auquel tout son auditoire s'associe sympathiquement et sincèrement pour que, bientôt, l'Église par une décision solennelle confirme à saint Jean de la Croix, son bien-aimé Père, le titre de *Docteur mystique* pour lequel la voix des savants, des académies, des évêques, des congrégations et des Souverains Pontifes eux-mêmes semble le désigner d'avance. En finissant, il appelle dans une touchante invocation au Saint, ses bénédictions tutélaires sur toute la famille du Carmel et en particulier sur le couvent d'Aire ; il les appelle aussi sur tous les fidèles et plus spécialement sur ceux qui ont pris part aux solennités du centenaire, sur le Vicaire de Jésus-Christ qui les a autorisées pour honorer sa mémoire, et enfin, sur l'évêque du diocèse qui les a relevées et encouragées par l'honneur et le bienfait de sa présence.

Ce discours mettait un noble et digne couronnement à ceux qui avaient précédé, comme aux joies et aux pompes du Triduum et tous les cœurs s'ouvraient d'eux-mêmes à l'action de grâces. Aussi le *Te Deum* entonné par Mgr l'Évêque fut-il repris avec élan et soutenu jusqu'à la fin, avec une sorte d'enthousiasme. Les quatre-vingt-dix séminaristes, placés à la tribune ou dans les chapelles latérales et qui, sous l'habile direction de l'organiste émérite de la cathédrale, avaient si bien mérité, ce jour-là particulièrement, du Saint et de toute l'assistance, en faisaient vibrer avec éclat les notes triomphantes. La cérémonie se termina, comme les autres soirs, par le baisement de la relique qui se fit, avec un empressement plus marqué encore que les jours précédents, et avec quelque chose de cette effusion que l'on met dans les adieux qui s'adressent à un frère ou à un ami : c'est que l'on avait appris pendant ces trois jours au pied de la chaire, à l'école du Père, à connaître et à aimer ce Saint si bon et si aimant lui-même, qui n'était dur qu'à lui seul, et qu'on vit, en un jour de Noël, si transporté d'amour qu'ayant pris l'Enfant Jésus dans la crèche où il était exposé, et le serrant entre ses bras, il se mit à chanter et à danser devant ses frères !

Ce Triduum avait paru comme une brillante éclaircie au milieu d'un sombre horizon et comme un joyeux resplendissement du ciel sur la terre.

Déjà il faisait nuit, et cependant la foule semblait ne s'éloigner qu'avec regret.

Une heure plus tard, la cour extérieure du Carmel et la façade de la chapelle jusqu'au frontispice étaient illuminées avec plus d'éclat encore que les jours précédents. — Une croix toute radieuse, de quatre mètres de haut, placée au milieu en avant, et rivalisant d'éclat avec l'illumination du clocher, projetait au loin ses gerbes de rayons. Au-dessous, deux transparents superbes en forme d'étendards et marqués au chiffre du Saint, portaient les devises : Vive Jésus ! vive sa croix ! Gloire à Marie. Reine du Carmel ! L'on remarquait aussi l'écusson de l'Ordre et celui de la famille d'Ahumada. A la base, un autre transparent de plus grande proportion réprésentait les armes de Léon XIII avec le chiffre du Saint et les dates glorieuses de 1591-1891.

Pendant deux heures la foule remplit la cour et les abords du Carmel ; des chants, avec accompagnement d'un orgue installé sur le perron de la chapelle, retentissaient en l'honneur du Saint et de la Reine du Carmel. Ils portaient jusque par delà les hauteurs de la cité de sainte Quitterie, ou plutôt jusqu'au Ciel, les joyeux échos de la fête. Tout ce peuple était dans l'allégresse et le témoignait, à l'envi, par les bruyantes acclamations de : Vive saint Jean de la Croix ! Vive le Saint-Père ! Vive le Carmel !....

Un dernier écho de ces belles fêtes se fit entendre dans les soirées du 13 et du 14 décembre pour célébrer l'anniversaire de la mort du Saint. Ces jours-là après un salut solennel chanté par les élèves du Petit Séminaire, et suivi de la vénération de la relique, l'illumination fut renouvelée et saluée de chants enthousiastes, et des vivats ont derechef acclamé l'Église, le Pape, saint Jean de la Croix et le Carmel. Et maintenant, toutes ces harmonies sont éteintes.... mais les âmes garderont longtemps, et toujours, nous l'espérons, la mémoire de ces belles solennités qui, avec celles du centenaire de sainte Thérèse ont été pour ceux qui en furent les heureux témoins comme les préludes et les invitatoires des fêtes qui nous attendent au ciel.

La seule présence du Carmel, si justement respecté et si bien compris parmi nous, suffira à graver, chaque jour plus avant, dans le cœur de nos populations croyantes, le souvenir de ces douces et fortes impressions. La vue de ce couvent austère et de ses grilles toujours fermées, le bruit monotone mais touchant de la psalmodie et de la prière, la voix méditative de la cloche à des heures régulières, l'adoration silencieuse et muette du Très Saint Sacrement par ces anges de la terre : tout cet ensemble de pénitence, de foi et de charité compose une prédication éloquente et fait comprendre aux âmes simples et droites que saint Jean de la Croix et sainte Thérèse ont eu bien raison de mépriser le monde pour s'attacher à Dieu seul et que le plaisir de mourir sans peine, comme l'a dit l'héroïque Vierge d'Avila, vaut bien la peine de vivre sans plaisir.

Ces deux jubilés successifs de sainte Thérèse et de saint Jean de la Croix, célébrés avec tant d'élan et d'enthousiasme par nos populations, malgré les funestes influences qu'elles subissent et dont elles souffrent, sont certainement un signe des plus consolants en France et un sujet d'espérer pour l'avenir religieux de notre pays et pour un retour à de plus favorables destinées.

Nous avons la confiance que, comme les ouvrages de celle que ses compatriotes appellent avec une juste fierté la femme Docteur, ceux de saint Jean de la Croix se répandront de plus en plus, et contribueront, pour leur part, à établir partout une piété solide, basée sur la véritable doctrine de l'Évangile et sur l'amour de la croix.

Que l'on permette à l'auteur de ce simple récit de regretter, en terminant, que les œuvres admirables et véritablement surhumaines de saint Jean de la Croix ne soient pas plus connues, parfois même de ceux qui devraient le moins les ignorer, et de s'associer au vœu tout récent des évêques de la province de Valladolid qui demandent au Saint-Siège que le titre de Docteur mystique soit décerné au collaborateur et au directeur de sainte Thérèse. Par cette heureuse décision, s'il plaît au Saint-Esprit et à l'Église de la donner un jour, cette source de doctrine merveilleuse et toute céleste dont les eaux jaillissent, pourrait-on dire avec l'Évangile, jusqu'à la vie éternelle, sera signalée au monde, avec un retentissement tel à travers les siècles, que nul ne pourra plus désormais en mettre en doute la vertu. Combien qui, au seul nom de ce grand écrivain mystique, quelquefois même sans l'avoir lu, mais trompés par de vagues ouï-dire, répètent à peu près ce que les Juifs disaient de Notre-Seigneur en une circonstance mémorable : « Sa parole est dure et austère, et qui pourrait l'entendre et la mettre en pratique ? » tandis qu'elle est au contraire « esprit et vie » comme répliquait Notre-Seigneur en parlant de la sienne. Quel enchaînement merveilleux de doctrine que cette Somme de théologie mystique qui se compose de la *Montée du Carmel,* de la *Nuit Obscure,* ouvrages auxquels s'ajoutent le *Cantique Spirituel* et la *Vive Flamme d'amour !* Que ces noms sont bien donnés ! L'homme en effet y est pris sur la terre, où sa vie est une milice, et on lui apprend à monter sans cesse par la voie étroite de la vie purgative, à mortifier tour à tour, avec ses passions et ses sens intérieurs et extérieurs, l'entendement, la mémoire et la volonté, et après avoir traversé avec courage cette nuit obscure de l'âme qui doit se changer en vie illuminative, à franchir enfin, à l'appel de la grâce, par la pratique plus élevée des vertus de foi, d'espérance et de charité, toutes les phases de la vie unitive, jusqu'à cette transfiguration de Dieu en l'âme et de l'âme en Dieu comme la nomme saint Jean de la Croix, sorte de transformation divine dont saint Paul disait en parlant de lui-même : « Je vis, non ce n'est plus moi qui vis, mais c'est Jésus-Christ qui vit en moi. » Parvenu à ce sommet, saint Jean de la Croix chante, dans le *Cantique Spirituel,* les métamorphoses sublimes de l'âme qui par l'entendement et par la volonté s'identifie en quelque sorte avec Dieu et qui, par participation et par communication, devient Dieu, pour employer l'expression hardie de saint Grégoire de Nazianze.

Dans la *Vive Flamme d'amour*, c'est un séraphin qui ne jette plus de sa bouche et de son cœur que des cris enflammés. En résumé, c'est un Docteur admirable : et ne peut-on le comparer à l'homme sage dont parle l'Évangile qui tire du trésor de son cœur des choses anciennes ou nouvelles, des choses simples ou sublimes, selon les sujets qu'il traite et selon les âmes auxquelles il s'adresse. L'imagination la plus riche et la plus féconde au service de la science la plus profonde lui permet d'ailleurs de revêtir du plus vif intérêt, tout en les rendant saisissants de clarté, les sujets les plus abstraits et les matières les plus difficiles. Il suffit, pour s'en convaincre, de lire les deux magnifiques passages où il compare l'âme dans le travail successif de la vie purgative, illuminative et unitive, soit au bois vert mis sur le foyer et qui, par degrés, se noircit en jetant de la fumée, se sèche, s'échauffe, s'enflamme, s'embrase et devient véritable feu ; soit au globe de cristal, exposé au soleil, qui d'abord perd ses taches d'humidité, s'éclaire, s'illumine, rayonne de chaleur et de lumière tel qu'un véritable soleil. C'est ainsi qu'il aide à comprendre, dans la mesure possible à l'esprit humain, comment il s'établit, à la fin, ainsi qu'il le dit ailleurs, par l'embrasement mystérieux de Dieu et de l'âme, une union si intime entre la nature divine et la nature humaine, une si parfaite communication de l'une à l'autre que ces deux natures, tout en conservant leur être propre, sont comme fondues ensemble dans un même esprit et un même amour.

Il serait bien à souhaiter que ses maximes et avis spirituels qui sont comme l'abrégé, à l'usage de toutes sortes de personnes, de ses quatre principaux ouvrages, fussent plus connus et plus répandus : ils forment, sur les points les plus essentiels, le meilleur et le plus solide manuel de piété.

Beaucoup ignorent que saint Jean de la Croix a écrit aussi des poésies toutes célestes où émule du saint Roi David, il traite les sujets les plus élevés de la contemplation et de la foi. C'est dans la première de ces magnifiques compositions que révélant sa belle et grande âme, si semblable au fond à celle de la séraphique Thérèse, il se rencontre avec elle en cette sublime pensée :

> Je vis sans vivre en moi,
> Et j'attends d'un si brûlant désir
> Que je meurs de ne pas mourir.

Au reste ses deux derniers grands ouvrages, le *Cantique Spirituel* et la *Vive flamme d'amour*, en même temps qu'ils ont le mérite d'une précision doctrinale des plus remarquables en des matières si transcendantes, sont encore un chant, une poésie, et, si j'ose ainsi parler, une sorte de pastorale divine et d'épithalame céleste, à l'exemple du Cantique des cantiques qui leur sert d'ailleurs de fond et de base.

On ne peut pas toujours le suivre sans doute sur les hauteurs auxquelles il s'élève, parce qu'ainsi qu'il le dit lui-même, il y a des choses qu'on ne peut bien comprendre qu'à la condition d'une expérience personnelle; mais, alors même qu'il échappe au regard de la foule, il ne le fait qu'après avoir jeté tant de lumière et excité dans l'âme de si fervents désirs de s'attacher à Dieu que l'on en reste merveilleusement ravi et touché et que, hors de soi-même, à la vue des espaces sans bornes, où il disparaît, l'on est tenté de s'écrier comme le Psalmiste en présence de l'Océan : « O mer aux bras immenses, » ou, avec le prophète Élisée lorsqu'il voyait le grand Élie, son maître, emporté tout à coup vers le ciel sur un char de feu : « Voilà le char d'Israël et son glorieux conducteur! »

Puisse ce nouvel Élie nous entraîner à sa suite vers le ciel, à travers la nuit obscure de la foi, sur les deux ailes de l'oraison et de la pénitence et après nous avoir fait gravir, jusqu'à ses plus hauts sommets, la montée du Carmel, image de la perfection où « l'âme devient une âme du ciel, plutôt divine qu'humaine » (Montée du Carmel, Liv. II. chap. xiii.) nous faire préluder, dès ici-bas, au cantique spirituel que nous chanterons dans la Jérusalem céleste et aux vives flammes d'amour qui doivent nous y consumer pendant toute l'éternité.

Saint Jean de la Croix, pour nous convier à le suivre nous laisse comme devise et mot d'adieu ces paroles qu'il avait souvent à la bouche : « Quittons la terre et montons au ciel. »

Je prie le Très Révérend Père Général de vouloir bien excuser la liberté que j'ai prise de lui faire un récit si étendu et auquel j'ai ajouté en terminant, sous forme de conclusion, des réflexions pour lui fort inutiles, mais, sachant que les religieuses du Carmel ainsi que les personnes pieuses et les membres du clergé à qui cette relation pourrait être communiquée tiendraient à garder le souvenir détaillé des fêtes du centenaire, en même temps que de la sublime et admirable doctrine de saint Jean de la Croix, qui nous a été si exactement et si apostoliquement prêchée, j'ai cru devoir préférer cette manière.

Puissè-je, dans ce modeste travail où je ne me suis proposé, avec la gloire de Dieu et celle de son fidèle serviteur, que l'édification des âmes, n'être pas resté trop au-dessous du but !

Daignez agréer, mon Très Révérend Père Général, l'hommage de mon profond respect et dévouement en Notre-Seigneur.

Un ecclésiastique.

IMPRIMATUR.

Ch. Leleux, Vic. Cap.

Arras, le 6 Mai 1892.

Imprimerie Notre-Dame des Prés. — Ern. Duquat, directeur.
Neuville-sous-Montreuil (Pas-de-Calais).

LA27-40876

Imprimerie Notre-Dame des Prés. — Ern. Duquat, directeur.
Neuville-sous-Montreuil (Pas-de-Calais).

www.ingramcontent.com/pod-product-compliance
Lightning Source LLC
Chambersburg PA
CBHW060643050426
42451CB00010B/1203